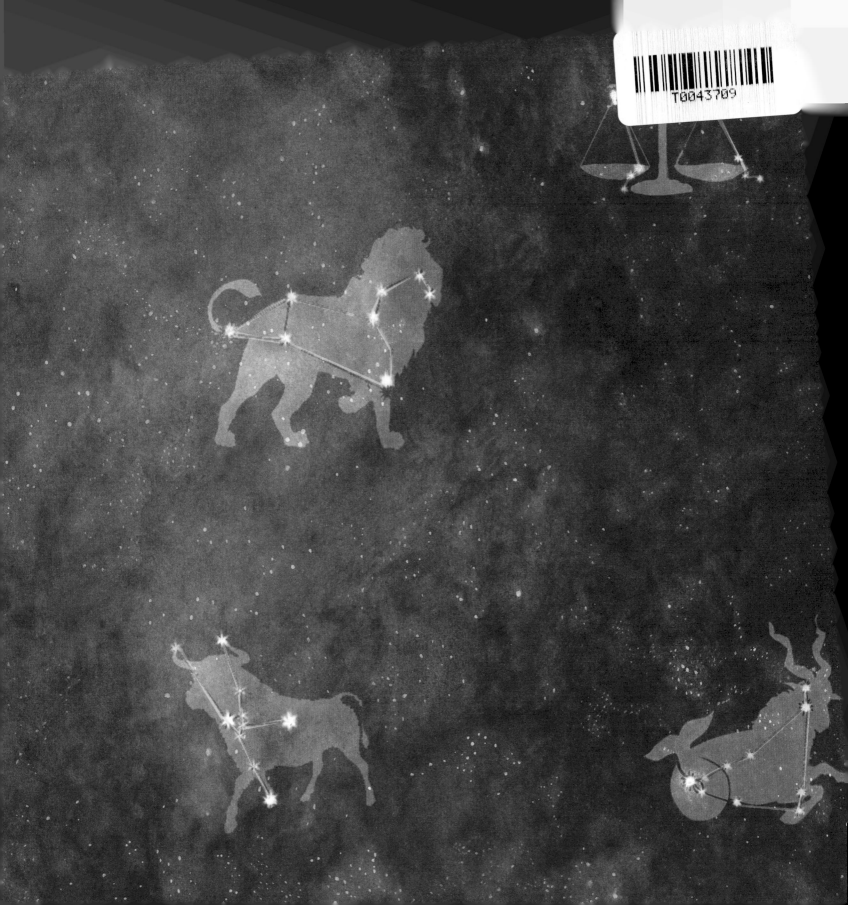

Con la colección **Infantil,** desde Vegueta queremos realizar nuestra particular aportación al proyecto universal más apasionante que existe, el de la educación infantil y juvenil. Como una varita mágica, la educación tiene el poder de iluminar sombras y hacer prevalecer la razón, los principios y la solidaridad, impulsando la prosperidad.

Genios de la Ciencia, la serie de biografías de científicos e inventores, pretende aproximar a los niños a aquellos grandes personajes cuyo estudio, disciplina y conocimiento han contribuido al desarrollo y a la calidad de vida de nuestra sociedad.

Guía de lectura:
¿Deseas saber más sobre Hipatia y su época?

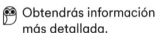 Encontrarás citas de la protagonista.

Obtendrás información más detallada.

Textos: **Víctor García Tur**
Ilustraciones: **Mar Azabal**
Diseño: **Sònia Estévez**
Maquetación: **Sònia Estévez**

© **Vegueta Ediciones**
Roger de Llúria, 82, principal 1ª
08009 Barcelona
General Bravo, 26
35001 Las Palmas de Gran Canaria

www.veguetaediciones.com

Primera edición: **17 de enero de 2018**
Segunda impresión: **10 de abril de 2019**
Tercera impresión: **11 de octubre de 2022**
ISBN: 978-84-17137-40-3
Depósito Legal: B 13791-2019
Impreso y encuadernado en España

GENIOS DE LA CIENCIA

HIPATIA
LA GRAN MAESTRA DE ALEJANDRÍA

TEXTOS VÍCTOR GARCÍA TUR
ILUSTRACIONES MAR AZABAL

Vegueta Infantil

¡γεια!

Aquí me tienes, soy Atenea, la diosa de la Sabiduría, y en cuanto me he enterado de que te interesaba la historia de Hipatia, me he animado a bajar del Olimpo de los dioses para contarte la vida de una de las mujeres más extraordinarias de la Antigüedad.

Hipatia de Alejandría fue filósofa, astrónoma y matemática. A su casa acudían personas de todo tipo para escucharla.

Además, construyó un instrumento que calculaba la posición de las estrellas y escribió muchos pergaminos que, por desgracia, desaparecieron con el paso del tiempo. Por eso la historia no ha sido muy justa con ella y, si sabemos lo brillante que fue, es únicamente gracias a lo que sus alumnos escribieron sobre ella.

○ «Comprender las cosas que nos rodean es la mejor preparación para comprender las cosas que hay más allá.»

🦉 **Atenea**

En la mitología griega, Atenea es la hija favorita de Zeus, el padre de todos los dioses. En el Olimpo es considerada la diosa de la Sabiduría, de las ciencias, de la habilidad y de la guerra. Siempre aparece con su casco de bronce, su lanza, un escudo protector y su inseparable mochuelo.

Para descubrir a nuestra protagonista debemos retroceder hasta mediados del siglo IV y pasear por Alejandría, una ciudad egipcia que estaba considerada como el centro cultural del mundo. Allí, cerca de la biblioteca, nació Hipatia, que era griega de educación y cultura, egipcia por ser de Alejandría y romana porque Alejandría pertenecía al Imperio romano.

Alejandría

Alejandría la fundó Alejandro Magno a orillas del Mediterráneo, junto al río Nilo. El emperador tenía tantas esperanzas de que se convirtiese en una gran ciudad que le puso su propio nombre. Cuando Hipatia nació, era una gran ciudad bilingüe en griego y egipcio, en donde convivían colonos griegos, romanos, egipcios, judíos y cristianos.

La biblioteca y el faro

En Alejandría había dos edificios que, aunque hoy ya no existan, perduran en nuestra memoria: el faro y la gran biblioteca de Alejandría, ¡la más grande de todo el mundo antiguo! El faro iluminaba a los navegantes y la biblioteca guardaba todo el saber del mundo en casi un millón de manuscritos.

Como diosa de la Sabiduría que soy, ya te puedes imaginar que, igual que para Hipatia, la Biblioteca de Alejandría era mi lugar preferido en la Tierra. Y allí, entre libros y pergaminos, era fácil encontrar a Hipatia con su padre, Teón. Él era un reconocido maestro de matemáticas y de astronomía y le transmitió a su hija todos sus conocimientos.

—Pierdes el tiempo enseñando ciencias a la niña —le repetían algunos estudiosos—, al final se casará y no le servirá de nada tanto estudio.

Teón no les hacía caso porque no estaba de acuerdo con las costumbres de la época, que limitaban la educación de las niñas a las labores domésticas. Él había decidido educar a su hija para que fuese una mujer libre y, sobre todo, para que pensase por sí misma.

○ «Defiende tu derecho a pensar, porque incluso pensar de manera errónea es mejor que no pensar.»

🦉 **Teón de Alejandría**

Este personaje, padre de Hipatia, fue un sabio matemático y astrónomo griego muy apreciado en su ciudad. Se dedicó a la investigación y a la enseñanza y escribió textos muy interesantes sobre el movimiento de las estrellas y los planetas. Además, se le recuerda como director y conservador de la segunda Biblioteca de Alejandría. Teón se encargó de darle a Hipatia una educación completa en matemáticas, astronomía y filosofía.

🦉 Eratóstenes de Cirene

Teón e Hipatia admiraban la perspicacia con la que el célebre alejandrino Eratóstenes, seis siglos antes —en torno al año 255 antes de Cristo—, había calculado, casi con exactitud, las dimensiones de nuestro planeta.

🦉 La circunferencia de la Tierra

Que la Tierra es esférica, lo sabían muy bien tanto los griegos como los romanos. Eratóstenes fue el primer científico en calcular que la circunferencia de la Tierra era de 5.000 estadios, una unidad de medida antigua que equivale a 40.000 kilómetros.

La infancia de Hipatia transcurrió entre la biblioteca y las calles de Alejandría. Teón también se convirtió en su profesor de gimnasia, pues consideraba que además de cultivar la mente había que cuidar el cuerpo. Cada día, después de estudiar, realizaban ejercicios físicos, se daban baños relajantes y caminaban por los muelles de Alejandría.

Les gustaba contemplar cómo las embarcaciones empequeñecían y desaparecían al dirigirse mar adentro. Para ellos esta era la mejor manera de constatar que la Tierra no es plana, recordando de paso al gran maestro Eratóstenes.

Acostumbrada a conversar con sabios y estudiosos, Hipatia no tuvo una infancia normal. No tenía amigas con las que jugar y los niños no dejaban de recordarle que las mujeres no tenían capacidad para el estudio de las ciencias.

Por ejemplo, su vecino, un niño llamado Apolonio, no perdía ni una sola oportunidad para increparla.

—¿Ya estás leyendo otra vez? —le decía, asomado a la ventana—. Mi padre dice que seguro que no entiendes al gran Platón y que nunca te casarás porque no sabes bordar. Serás una vieja solitaria.

Hipatia intentaba compartir con él sus conocimientos y, para despertar su curiosidad, a menudo le planteaba preguntas:

—Apolonio, ¿sabes por qué se suceden los días y las noches?

—¿Cómo? ¿Los días y las noches? —preguntaba él, tragando saliva—. Esto... Bueno... Eh... Hoy no... Llevo prisa...

Apolonio sabía bien lo que le esperaba en un duelo de intelectos contra Hipatia, así que prefería esfumarse, como la mayoría de niños de su edad.

Grave error

En aquella época solía pensarse que las mujeres no tenían la misma inteligencia que los hombres. Como diosa de la Sabiduría que soy, puedes imaginar lo que me indigna que los humanos hayan estado tan equivocados.

Pasaban los años e Hipatia no solo crecía en conocimientos; también se convirtió en una mujer muy admirada por su talento, inteligencia y belleza.

Su padre, Teón, recibía continuamente insinuaciones sobre la importancia de encontrar un buen marido para Hipatia, tal y como mandaban las costumbres romanas. Sus pretendientes la esperaban en la puerta de su casa o en la biblioteca y le enviaban cartas de amor, pero Hipatia no mostraba ningún interés. En contra de lo que se esperaba de un padre alejandrino, el día de su cumpleaños Teón le anunció:

—Hija, ya no eres una niña —titubeó un par de segundos, y a Hipatia no se le escapó que su padre sufría por algo importante—. Creo que debemos pensar en tu futuro y que deberías hacer un largo viaje y conocer Roma y Atenas.

Hipatia le dio un gran abrazo.

—Es el mejor regalo, padre. Mi ilusión es dedicar mi vida a la ciencia y a la filosofía. Conocer el mundo, distintas costumbres y gentes, me abrirá la mente y me ayudará a comprender —le contestó, emocionada.

Así comenzó un viaje que marcaría su vida.

Durante un tiempo Hipatia saltó de un puerto a otro: visitó ciudades grandes y pequeñas, se alojó en posadas y en casas de antiguas amistades de Teón, recorrió caminos a pie y a veces en carreta.

En Atenas la Academia, que equivale a nuestra universidad, quedó tan impresionada por sus conocimientos y su dedicación que le otorgó la corona de laureles, distinción que tenía reservada para sus mejores estudiantes.

Pero, además de estudiar, Hipatia aprendía observando las distintas costumbres de los pueblos, preguntando a los pastores los nombres de las aves y a las campesinas las características de ciertas plantas medicinales. Durante las travesías, prestaba atención a los capitanes de los barcos y por ellos supo cómo, estudiando el cielo nocturno y las estrellas, los navegantes podían orientarse en alta mar.

🦉 La Estrella Polar

Las constelaciones se mueven por el firmamento, pero hay una de todas estas estrellas que siempre está en el mismo lugar: la Estrella Polar. Dado que es un astro fijo, resulta un punto de referencia muy fiable.

🦉 Encuentra el Norte

Primero debes reconocer la constelación de la Osa Mayor (la que se asemeja a un cucharón) y trazar una línea imaginaria que una la punta de la cuchara con la Osa Menor. En cuanto se tiene la Estrella Polar a la vista, ya solo hay que recordar que esta señala el Norte. ¡No tiene pérdida!

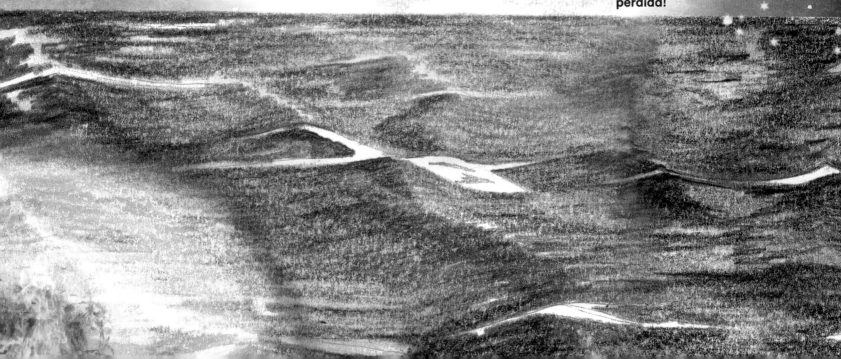

🦉 La escuela de Hipatia

A pesar de ser mujer, Hipatia llegó a convertirse en la principal educadora de la juventud de Alejandría en la Academia, el centro que hoy equivaldría a nuestra universidad. A sus clases acudieron jóvenes que alcanzaron importantes cargos públicos y religiosos. Hipatia se convirtió en su mejor consejera y gozó de gran influencia política, cultural y social, convirtiéndose en una de las principales personalidades de Alejandría.

Para cuando regresó a Alejandría, Hipatia había tomado una decisión sobre su futuro: sería filósofa y le movería siempre el amor al conocimiento. Además, todo cuanto aprendiera lo compartiría con aquellos dispuestos a escuchar.

Despejó una de las salas de casa, arrinconando muebles, y en menos de un mes esta se llenó de alumnos de todo tipo. Como en aquella época no estaba bien visto que las mujeres superasen a los hombres en conocimiento, se negó a usar ropa tradicional de mujer y vestía la túnica de maestro.

Su capacidad para enseñar era tan extraordinaria que sus alumnos la llamaban «la filósofa», que en griego significa justamente eso: «quien ama el saber».

Como a toda buena maestra, a Hipatia le gustaba desafiar a sus alumnos para que dieran lo mejor de sí mismos.

Por ejemplo, en una clase de lógica les preguntó:

—¿Conocéis al poeta Epiménides? Epiménides nació en la isla de Creta. Su frase más célebre es la siguiente: «Todos los cretenses son unos mentirosos». Os lo repito: Epiménides era de Creta y nos alertaba de que «Todos los cretenses son unos mentirosos». Entonces, ¿mentía o afirmaba una rotunda verdad?

—Obviamente, decía la verdad —respondió el más avispado.

—Él mismo era cretense, así que mentía —contestó otro.

—¡Verdadero! ¡Tú sí que eres un falso!

¡Menudo lío se montó! Aunque en parte todos tenían razón. Trata de darle un par de vueltas a la frase, ¡ya verás!

🦉 **La Paradoja de Epiménides**

Hipatia estaba recurriendo a la llamada «Paradoja de Epiménides», una contradicción que se convierte en una especie de rompecabezas con el que a los antiguos griegos les gustaba poner a prueba la mente y demostrar las limitaciones de la comprensión humana. Algunas paradojas han impulsado importantes avances en la ciencia y la filosofía.

El astrolabio

Con un astrolabio se puede determinar nuestra ubicación —la latitud— con arreglo a la posición y altura de las estrellas. Asimismo, este aparato ayuda a localizar los astros y a observar su movimiento. También permite determinar la hora a partir de la latitud y medir distancias. El astrolabio se convirtió en el instrumento más sofisticado y útil para los astrónomos y lo fue durante 1.200 años, hasta la invención del telescopio en tiempos de Galileo.

Con todo, la labor de Hipatia no se reducía a la enseñanza. Además de a filosofar, también se atrevió a mejorar inventos. Entre otras cosas, se esforzó en perfeccionar el astrolabio, que servía para situar las estrellas.

Con ayuda de Teón diseñó un astrolabio más exacto. Quedaron tan orgullosos del resultado que mandaron fabricar uno de plata.

—Pongámosle un buen nombre a esta maravilla. ¿Qué tal suena «astrolabio-rotatorio-hipatiano-con-visores-microajustables»? —propuso Teón.

—Diría que suena un poquito largo, padre —dijo Hipatia, diplomática—. Con lo fácil que es decir «astrolabio» a secas —musitó para sus adentros.

Y es muy cierto que astrolabio ya es un nombre llamativo. En griego significa «buscador de estrellas», ¡y eso es justo lo que hace!

🦉 El densímetro

El densímetro se compone de un tubo hueco con una escala graduada (como una regla) y un peso en un extremo para que pueda flotar en posición vertical. Este artilugio se introduce en un líquido y, en función de si se hunde más o menos, se lee la medida de la densidad.

🦉 El Principio de Arquímedes

Según el Principio de Arquímedes, cualquier cuerpo sumergido en un líquido es impulsado hacia arriba, con un empuje que es igual al peso del volumen de líquido que está desplazando.

¡Pero un momento! Que la cosa no termina con el astrolabio. A la incansable Hipatia le sobraban las ideas. Entre otras ocurrencias prácticas, tuvo la de inventar el densímetro, un instrumento de cristal semejante a un termómetro, que mide la densidad de los líquidos.

Hipatia cayó en la cuenta de que, dependiendo de las características del líquido en cuestión, su densímetro se hundiría más o menos.

¿Y qué hay de los muchos textos que escribió Hipatia? Desafortunadamente se perdieron todos.

En aquella época, los libros circulaban en forma de pergaminos y papiros manuscritos: ¡se escribían a mano, uno a uno! Es decir, que cada vez que alguien necesitaba un duplicado de un libro tenía que llamar al escriba para que lo copiara letra a letra. Tener tan pocos ejemplares de una obra suponía correr el riesgo de que a la larga esta se perdiera, y que en el futuro no se supiera nada de ella. Es justamente lo que le ocurrió a la obra de Hipatia. No queda ni rastro. Triste pero cierto.

Lo que sí que ha resistido el paso del tiempo son los escritos de algunos de los discípulos de Hipatia. Revisar la correspondencia con sus alumnos nos ha permitido conocer algunas de sus contribuciones científicas.

Los escritos de Hipatia

Hipatia ayudó a su padre, Teón, a escribir nuevas versiones sobre tratados matemáticos y de astronomía, eliminando las dificultades que podían encontrar los estudiantes en los libros. Además, se sabe que realizó más de cuarenta escritos, la mayoría libros de texto para sus estudiantes.

27

Sinesio de Cirene

Las cartas que se enviaron Hipatia y su alumno preferido, Sinesio de Cirene, son algunos de los pocos documentos que nos permiten acercarnos a la figura de Hipatia. En sus cartas, Sinesio se dirige a Hipatia como su «madre, hermana y maestra».

Como ya sabes, la fama de Hipatia atrajo a alumnos de todas partes. Y, mientras que algunos eran cristianos, otros se mantenían fieles a las tradiciones paganas de griegos y romanos. Hipatia no hacía distinciones. Su único afán era enseñar a pensar.

Lo hizo tan bien que varios de ellos desarrollaron, ya de mayores, carreras envidiables y ocuparon cargos importantes.

Fue para ella una gran alegría tener noticias de un Hesiquio ya entrado en años. Al recibir su carta, se la llevó al pecho y pensó:

«¡Hesiquio! Con lo que se le resistió la gramática de pequeño y míralo ahora: ha compilado un gran diccionario».

Algo parecido le ocurrió con Atanasio, que llegó a proferir largos discursos ante el senado.

Hipatia recordaba las caras, los nombres y hasta las manías de cada uno de los niños que habían pasado por su aula.

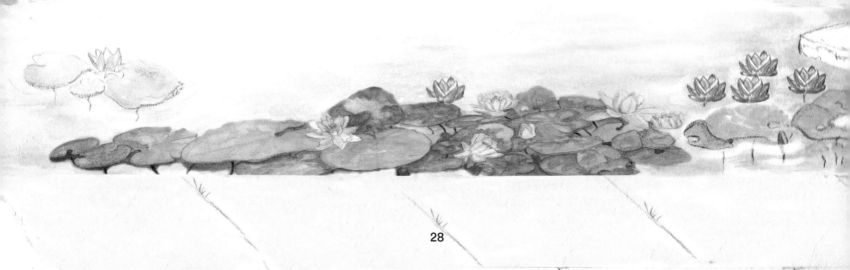

Tan importante fue su labor como maestra que, a la muerte de Teón, Hipatia se convirtió en la nueva directora de la Academia de Alejandría. Allí continuó impartiendo clases de matemáticas y filosofía.

Sin embargo, en Alejandría una nube negra planeaba sobre el conocimiento y la libertad. La lucha de poderes entre la Iglesia y el Gobierno puso a Hipatia en una situación peligrosa. Su forma de pensar, unida a su gran prestigio y popularidad, la convirtieron en la enemiga de fanáticos cristianos, que la asesinaron acusándola de bruja. Después de su muerte llegaron siglos de oscuridad, en los que la ciencia quedó eclipsada.

Aquel fue un golpe muy duro para quienes la queríamos y para todos los amantes del saber, pero afortunadamente nos quedan su ejemplo y su legado, que perviven más de quince siglos después.

Todo el que conoce su historia —como ahora tú— adquiere el compromiso de que Hipatia y sus logros sean bien recordados. Así que ya sabes, ¡encárgate de ello y haz que tu humilde diosa de la Sabiduría esté orgullosa de ti!

«El que influye en el pensamiento de su tiempo, influye en todos los momentos que siguen.»

En una época en la que las mujeres no tenían acceso al conocimiento, Hipatia de Alejandría consiguió abrirse camino en la ciencia y llegar a ser la primera mujer científica de la historia, además de una extraordinaria maestra, filósofa e inventora. Para lograrlo, tuvo que renunciar al matrimonio y a la maternidad y rebelarse contra el papel de las mujeres de su tiempo.

La mujer griega

En la Antigua Grecia, a la mujer no se la consideraba una ciudadana libre, permanecía siempre bajo la autoridad de su padre, de su marido o de su hijo; no podía tener propiedades, ni votar. Las niñas no iban al colegio y únicamente se las instruía en tareas domésticas. No participaban de la vida pública ni social, con la excepción de algunas fiestas religiosas.

La mujer romana

En la Roma Antigua, la mujer estaba sometida a su padre o a su marido y carecía de derechos políticos. Comparadas con las griegas, las mujeres romanas disfrutaban de un alto grado de libertad y una gran consideración en la familia. Llevaban una vida social propia, salían a comprar y trabajaban en oficios. A una mujer romana se la tenía por adulta a los catorce años y se casaba entre los trece y los diecisiete años.

La mujer egipcia

En el Antiguo Egipto, la mujer podía elegir a su esposo y tras el matrimonio era nombrada Nebt-Het, o «dueña de la casa». Administraba el patrimonio y organizaba el hogar. La mujer y el hombre eran iguales ante la ley. El marido debía garantizar el bienestar de su esposa y esta mantenía su independencia, podía regentar su propio negocio o manejar su herencia. La mujer egipcia a veces desempeñaba el papel de consejera, incluso en asuntos políticos.

La protagonista

Hipatia nació alrededor del año 355 d. C., en la Alejandría egipcia, el mayor centro del saber de la época. Su padre, Teón de Alejandría, fue un matemático y astrónomo griego muy apreciado en su ciudad.

Teón se encargó de darle a Hipatia una educación completa en matemáticas, astronomía y filosofía. Hipatia viajó a Italia y Grecia, donde entró en contacto con otros pensadores.

Regresó a su Alejandría natal para dedicarse a enseñar a los hijos de las familias influyentes, tanto cristianas como paganas.

Otros genios de la ciencia

355—415

Hipatia
La gran maestra de Alejandría

1643—1727

Isaac Newton
El poder de la gravedad

1815—1852

Ada Lovelace
La primera programadora de la historia

1856—1943

Nikola Tesla
El mago de la electricidad

Destacó como máxima represen-
tante de la Escuela Neoplatónica en
Egipto, mejoró el astrolabio, inven-
tó el densímetro y un aparato para
destilar agua.

Murió a manos de un grupo de fanáticos que la culpaban de compli-
cidad con las autoridades paganas.
Se sospecha que Cirilo, el obispo de
la iglesia cristiana de Egipto, pudo
ser el instigador de su asesinato.

No ha sobrevivido ninguna de sus
obras escritas, aunque se sabe que
dejó un legado sobre aritmética y
geometría y que revisó las tablas
astronómicas de Ptolomeo.

1867—1934

Marie Curie
El coraje de una científica

1878—1968

Lise Meitner
La física que inició la
era atómica

1934

Jane Goodall
La mejor amiga de
los chimpancés

1955—2011

Steve Jobs
El inventor del mañana

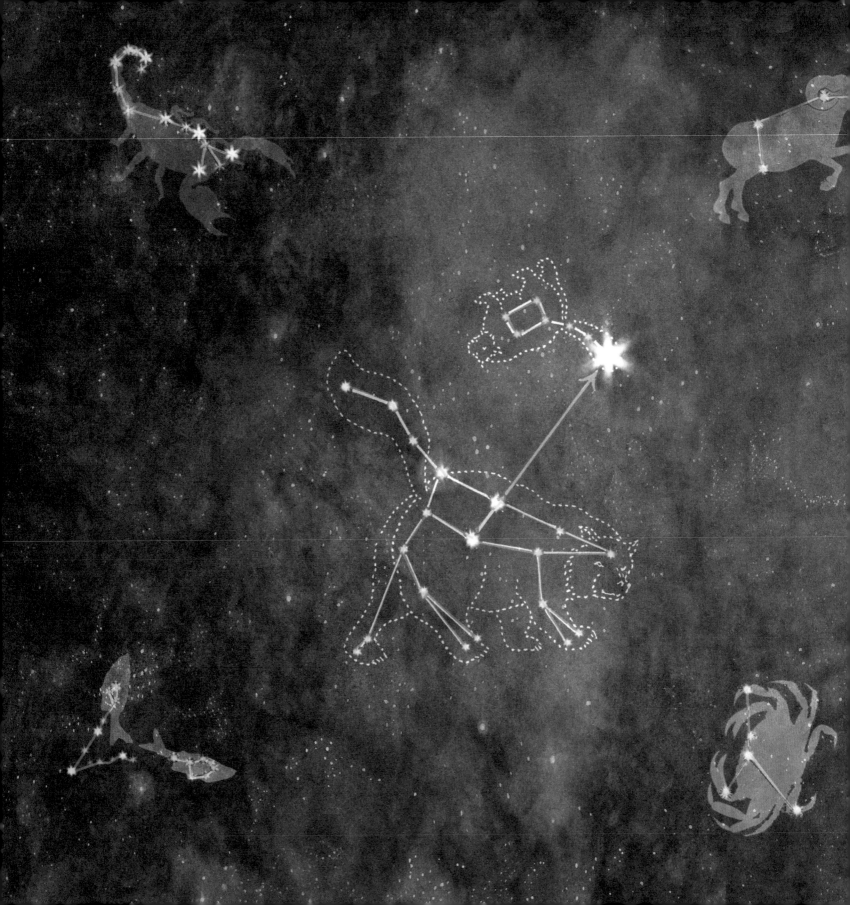